Star Learner

Multiplying and Dividing

Ages 6-8

www.autumnchildrensbooks.co.uk

Busy bees

Write the missing numbers in the boxes.
The first one has been done for you.

= 6

2 lots of 3 = 6

2 x 3 = 6

= ☐

3 lots of 3 = ☐

3 x 3 = ☐

= ☐

4 lots of 3 = ☐

4 x 3 = ☐

Flower power

Count the petals and write the answers. The first one has been done for you.

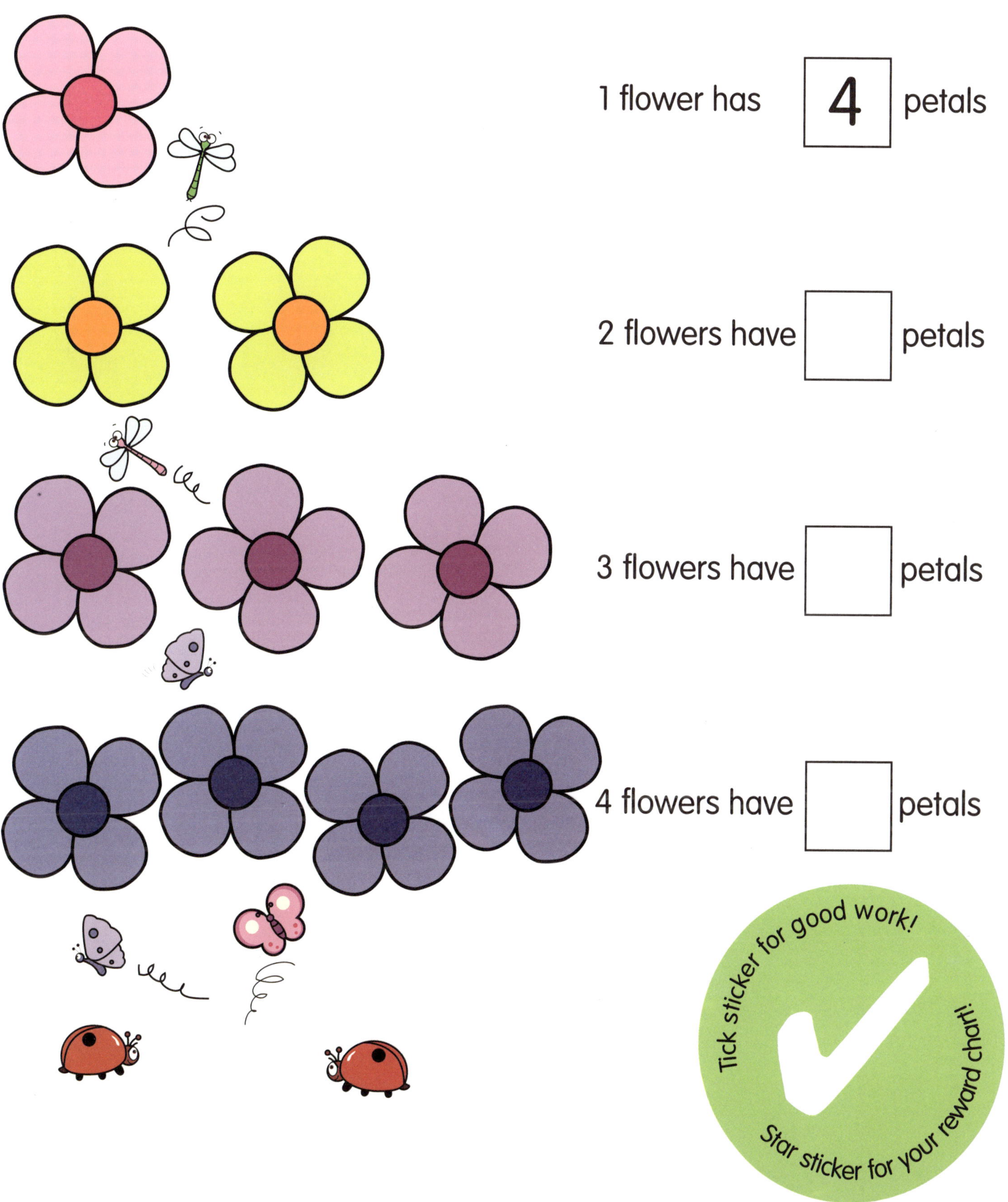

Times tables

Try to learn your times tables so that you can remember them.

1 x 1 = 1
2 x 1 = 2
3 x 1 = 3
4 x 1 = 4
5 x 1 = 5
6 x 1 = 6
7 x 1 = 7
8 x 1 = 8
9 x 1 = 9
10 x 1 = 10
11 x 1 = 11
12 x 1 = 12

1 x 2 = 2
2 x 2 = 4
3 x 2 = 6
4 x 2 = 8
5 x 2 = 10
6 x 2 = 12
7 x 2 = 14
8 x 2 = 16
9 x 2 = 18
10 x 2 = 20
11 x 2 = 22
12 x 2 = 24

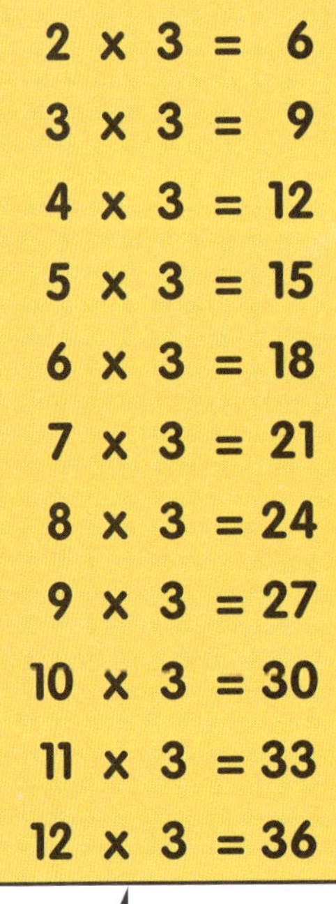

1 x 3 = 3
2 x 3 = 6
3 x 3 = 9
4 x 3 = 12
5 x 3 = 15
6 x 3 = 18
7 x 3 = 21
8 x 3 = 24
9 x 3 = 27
10 x 3 = 30
11 x 3 = 33
12 x 3 = 36

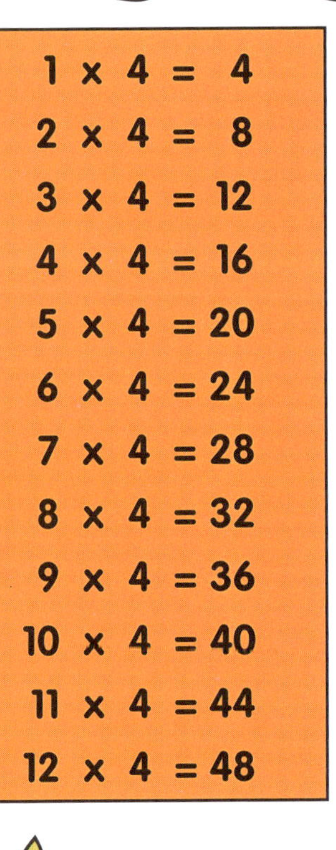

1 x 4 = 4
2 x 4 = 8
3 x 4 = 12
4 x 4 = 16
5 x 4 = 20
6 x 4 = 24
7 x 4 = 28
8 x 4 = 32
9 x 4 = 36
10 x 4 = 40
11 x 4 = 44
12 x 4 = 48

Dinosaur threes

Multiply the numbers and write the answers on the rocks.

Ladder multiples

Multiply the numbers and write the answers on the ladder on the right.

Puzzling times

Write the missing numbers to complete these times table puzzles.

	×	2	=	8
×		×		×
3	×		=	
=		=		=
	×	2	=	24

1	×		=	5
×		×		×
	×	2	=	4
=		=		=
	×	10	=	

Maths is magic

Draw a line to join each multiplication to the correct answer.

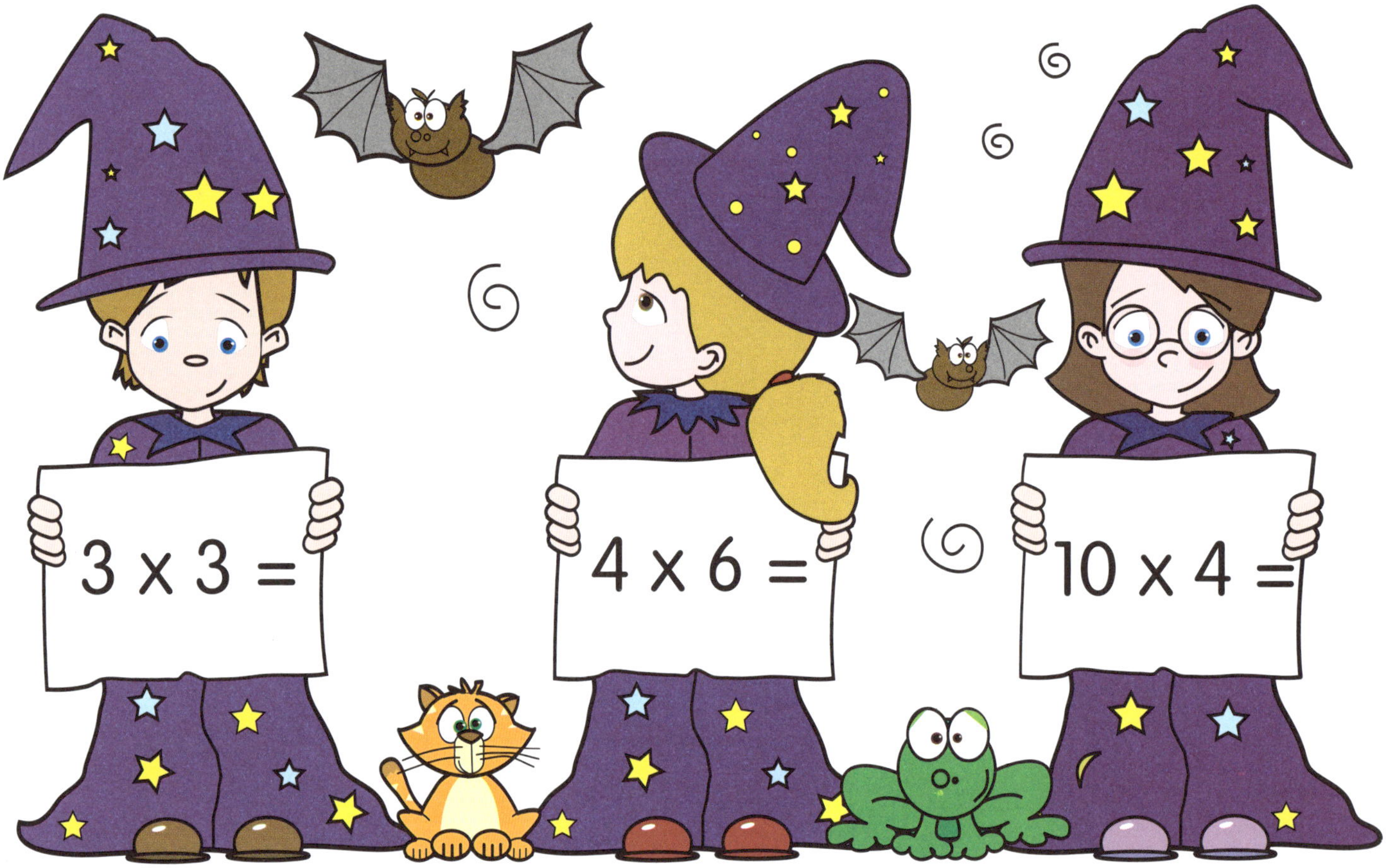

3 x 3 =

4 x 6 =

10 x 4 =

Time for a crossword

Complete the multiplications and write the answers as words in the crossword grid.

a $3 \times 4 =$ ☐

d $3 \times 3 =$ ☐

b $2 \times 1 =$ ☐

e $1 \times 11 =$ ☐

c → $2 \times 7 =$ ☐

f $7 \times 10 =$ ☐

↓ c $5 \times 10 =$ ☐

g $10 \times 1 =$ ☐

Times tables

Try to learn your times tables so that you can remember them.

1 x 5 = 5
2 x 5 = 10
3 x 5 = 15
4 x 5 = 20
5 x 5 = 25
6 x 5 = 30
7 x 5 = 35
8 x 5 = 40
9 x 5 = 45
10 x 5 = 50
11 x 5 = 55
12 x 5 = 60

1 x 6 = 6
2 x 6 = 12
3 x 6 = 18
4 x 6 = 24
5 x 6 = 30
6 x 6 = 36
7 x 6 = 42
8 x 6 = 48
9 x 6 = 54
10 x 6 = 60
11 x 6 = 66
12 x 6 = 72

1 x 7 = 7
2 x 7 = 14
3 x 7 = 21
4 x 7 = 28
5 x 7 = 35
6 x 7 = 42
7 x 7 = 49
8 x 7 = 56
9 x 7 = 63
10 x 7 = 70
11 x 7 = 77
12 x 7 = 84

1 x 8 = 8
2 x 8 = 16
3 x 8 = 24
4 x 8 = 32
5 x 8 = 40
6 x 8 = 48
7 x 8 = 56
8 x 8 = 64
9 x 8 = 72
10 x 8 = 80
11 x 8 = 88
12 x 8 = 96

Space times

Multiply the numbers on the spaceships and draw lines to the correct answers.

Times tables

Try to learn your times tables so that you can remember them.

1 x 9 = 9
2 x 9 = 18
3 x 9 = 27
4 x 9 = 36
5 x 9 = 45
6 x 9 = 54
7 x 9 = 63
8 x 9 = 72
9 x 9 = 81
10 x 9 = 90
11 x 9 = 99
12 x 9 = 108

1 x 10 = 10
2 x 10 = 20
3 x 10 = 30
4 x 10 = 40
5 x 10 = 50
6 x 10 = 60
7 x 10 = 70
8 x 10 = 80
9 x 10 = 90
10 x 10 = 100
11 x 10 = 110
12 x 10 = 120

1 x 11 = 11
2 x 11 = 22
3 x 11 = 33
4 x 11 = 44
5 x 11 = 55
6 x 11 = 66
7 x 11 = 77
8 x 11 = 88
9 x 11 = 99
10 x 11 = 110
11 x 11 = 121
12 x 11 = 132

1 x 12 = 12
2 x 12 = 24
3 x 12 = 36
4 x 12 = 48
5 x 12 = 60
6 x 12 = 72
7 x 12 = 84
8 x 12 = 96
9 x 12 = 108
10 x 12 = 120
11 x 12 = 132
12 x 12 = 144

Jungle multiplications

Work out the missing numbers to complete these multiplications.

2	x	☐	=	4
☐	x	5	=	15
7	x	☐	=	14
3	x	3	=	☐
☐	x	5	=	30
9	x	☐	=	18
4	x	5	=	☐
☐	x	3	=	3

4	x	4	=	☐
7	x	☐	=	56
☐	x	4	=	8
11	x	3	=	☐
9	x	☐	=	45
6	x	☐	=	36
8	x	3	=	☐
☐	x	7	=	28

Ready for Test 1

Do the multiplications and write the answers in the boxes.

Multiply in the sky!

Multiply the numbers on the spaceships and draw lines to the correct answers.

Ready for Test 2

Do the multiplications and write the answers in the boxes.

Missing numbers

Work out the missing numbers to complete these multiplications.

Solve the problems

Read the questions carefully and work out the answers to the problems. Then write your answers in the boxes.

Share 16 books equally between 4 children. How many books each?

Share 7 whole ice creams equally between 3 children.
How many whole ice creams each?
How many left over?

Share 8 carrots equally between 2 rabbits.
How many carrots each?

Grouping

Draw rings around the following things to divide them into equal groups. How many groups are there of each thing?

Groups of 2

Groups of 3

Groups of 4

Division tables

Try to learn your division tables so that you can remember them.

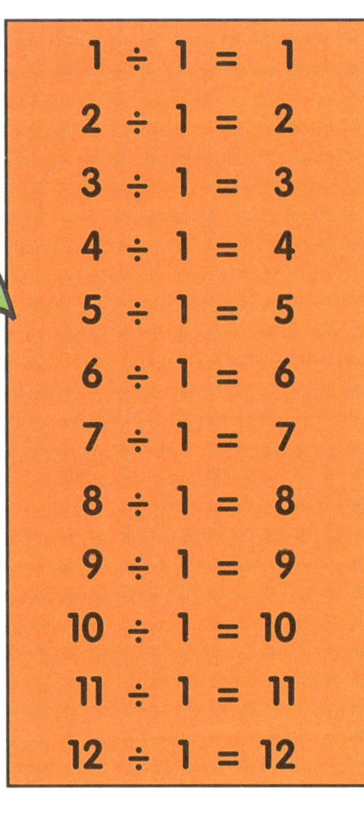

1	÷	1	=	1
2	÷	1	=	2
3	÷	1	=	3
4	÷	1	=	4
5	÷	1	=	5
6	÷	1	=	6
7	÷	1	=	7
8	÷	1	=	8
9	÷	1	=	9
10	÷	1	=	10
11	÷	1	=	11
12	÷	1	=	12

2	÷	2	=	1
4	÷	2	=	2
6	÷	2	=	3
8	÷	2	=	4
10	÷	2	=	5
12	÷	2	=	6
14	÷	2	=	7
16	÷	2	=	8
18	÷	2	=	9
20	÷	2	=	10
22	÷	2	=	11
24	÷	2	=	12

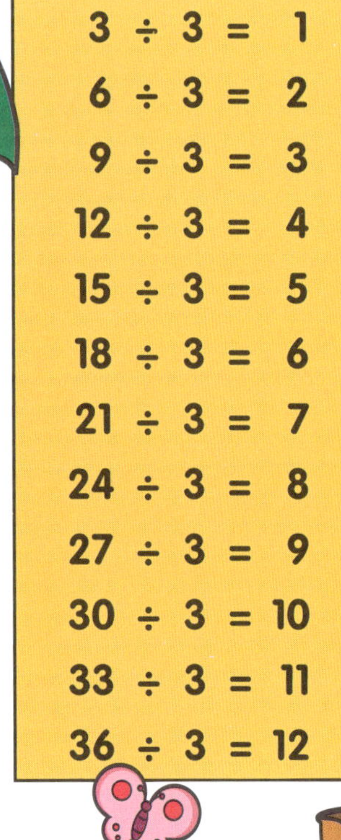

3	÷	3	=	1
6	÷	3	=	2
9	÷	3	=	3
12	÷	3	=	4
15	÷	3	=	5
18	÷	3	=	6
21	÷	3	=	7
24	÷	3	=	8
27	÷	3	=	9
30	÷	3	=	10
33	÷	3	=	11
36	÷	3	=	12

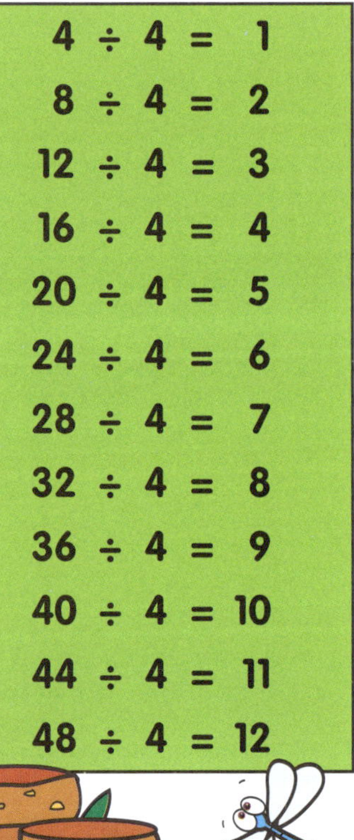

4	÷	4	=	1
8	÷	4	=	2
12	÷	4	=	3
16	÷	4	=	4
20	÷	4	=	5
24	÷	4	=	6
28	÷	4	=	7
32	÷	4	=	8
36	÷	4	=	9
40	÷	4	=	10
44	÷	4	=	11
48	÷	4	=	12

Dividing

Draw lines to divide these butterflies equally between 2, 3 and 4 flowers.

6 divided by 2 =

9 divided by 3 =

8 divided by 4 =

Division tables

Try to learn your division tables so that you can remember them.

5	÷	5	=	1
10	÷	5	=	2
15	÷	5	=	3
20	÷	5	=	4
25	÷	5	=	5
30	÷	5	=	6
35	÷	5	=	7
40	÷	5	=	8
45	÷	5	=	9
50	÷	5	=	10
55	÷	5	=	11
60	÷	5	=	12

6	÷	6	=	1
12	÷	6	=	2
18	÷	6	=	3
24	÷	6	=	4
30	÷	6	=	5
36	÷	6	=	6
42	÷	6	=	7
48	÷	6	=	8
54	÷	6	=	9
60	÷	6	=	10
66	÷	6	=	11
72	÷	6	=	12

7	÷	7	=	1
14	÷	7	=	2
21	÷	7	=	3
28	÷	7	=	4
35	÷	7	=	5
42	÷	7	=	6
49	÷	7	=	7
56	÷	7	=	8
63	÷	7	=	9
70	÷	7	=	10
77	÷	7	=	11
84	÷	7	=	12

8	÷	8	=	1
16	÷	8	=	2
24	÷	8	=	3
32	÷	8	=	4
40	÷	8	=	5
48	÷	8	=	6
56	÷	8	=	7
64	÷	8	=	8
72	÷	8	=	9
80	÷	8	=	10
88	÷	8	=	11
96	÷	8	=	12

Number stars

Divide the numbers in the stars and write the answers in the boxes.

Solve the problems

Read the questions carefully and work out the answers to the problems. Then write your answers in the boxes.

Share 9 leaves equally between 2 elephants. How many whole leaves each? How many leaves left over?

Share 9 balloons equally between 3 clowns. How many balloons each?

Share 14 bananas equally between 7 monkeys. How many bananas each?

Juggling numbers

Work out the missing numbers to complete these divisions.

Division tables

Try to learn your division tables so that you can remember them.

9	÷	9	=	1
18	÷	9	=	2
27	÷	9	=	3
36	÷	9	=	4
45	÷	9	=	5
54	÷	9	=	6
63	÷	9	=	7
72	÷	9	=	8
81	÷	9	=	9
90	÷	9	=	10
99	÷	9	=	11
108	÷	9	=	12

10	÷	10	=	1
20	÷	10	=	2
30	÷	10	=	3
40	÷	10	=	4
50	÷	10	=	5
60	÷	10	=	6
70	÷	10	=	7
80	÷	10	=	8
90	÷	10	=	9
100	÷	10	=	10
110	÷	10	=	11
120	÷	10	=	12

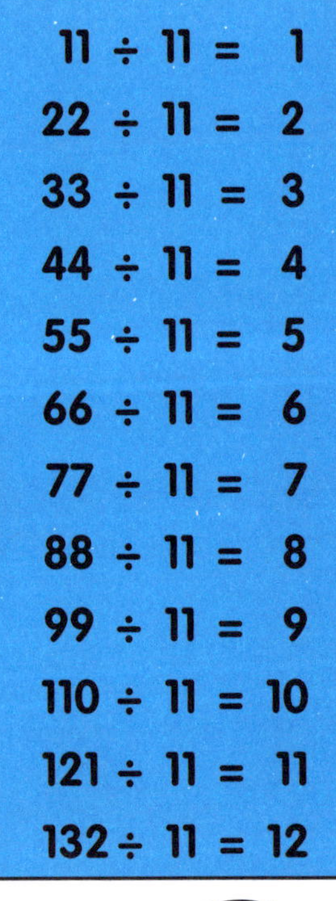

11	÷	11	=	1
22	÷	11	=	2
33	÷	11	=	3
44	÷	11	=	4
55	÷	11	=	5
66	÷	11	=	6
77	÷	11	=	7
88	÷	11	=	8
99	÷	11	=	9
110	÷	11	=	10
121	÷	11	=	11
132	÷	11	=	12

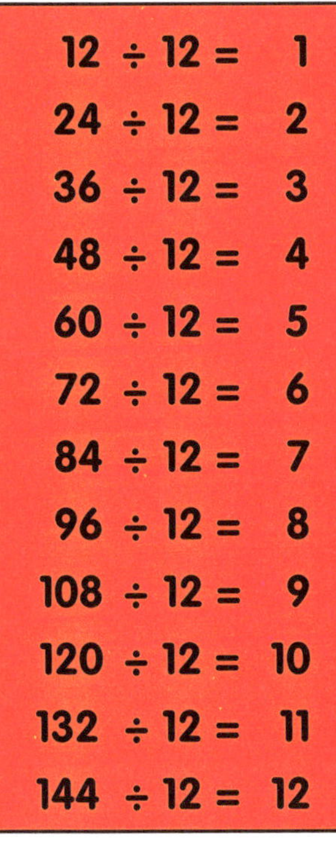

12	÷	12	=	1
24	÷	12	=	2
36	÷	12	=	3
48	÷	12	=	4
60	÷	12	=	5
72	÷	12	=	6
84	÷	12	=	7
96	÷	12	=	8
108	÷	12	=	9
120	÷	12	=	10
132	÷	12	=	11
144	÷	12	=	12

Party divisions

Work out the missing numbers to complete these divisions.

$12 \div 6 = \square$

$36 \div \square = 4$

$\square \div 9 = 1$

$56 \div 7 = \square$

$42 \div \square = 6$

$18 \div \square = 3$

$20 \div 4 = \square$

$\square \div 7 = 4$

$4 \div \square = 1$

$\square \div 4 = 2$

$21 \div \square = 3$

$54 \div 6 = \square$

$\square \div 6 = 6$

$63 \div \square = 7$

$49 \div 7 = \square$

$\square \div 9 = 11$

Is that the answer?

Find the division that matches the answer at the bottom of each box.
Draw a ring around each division that matches.

6 ÷ 3	12 ÷ 4
22 ÷ 2	32 ÷ 8
25 ÷ 5	60 ÷ 6
27 ÷ 9	10 ÷ 5
3	**10**

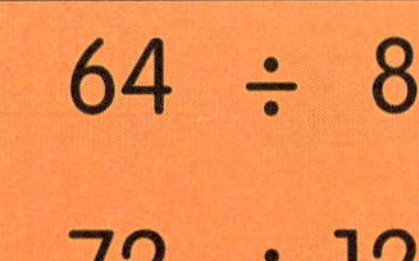

64 ÷ 8	36 ÷ 9
72 ÷ 12	20 ÷ 2
18 ÷ 6	16 ÷ 8
81 ÷ 9	12 ÷ 4
8	**4**

50 ÷ 10	88 ÷ 11
96 ÷ 12	28 ÷ 4
18 ÷ 9	12 ÷ 6
24 ÷ 4	72 ÷ 9
6	**7**

More missing numbers

Work out the missing numbers to complete these divisions.

Ready for Test 3

Do the divisions and write the answers in the boxes.

$6 \div 3 = \square$

$14 \div 2 = \square$

$25 \div 5 = \square$

$27 \div 9 = \square$

$4 \div 2 = \square$

$64 \div 8 = \square$

$40 \div 4 = \square$

$5 \div 5 = \square$

$21 \div 7 = \square$

$8 \div 2 = \square$

$9 \div 1 = \square$

$44 \div 11 = \square$

$63 \div 7 = \square$

20 ÷ 2 =
45 ÷ 5 =
24 ÷ 4 =
35 ÷ 7 =
18 ÷ 6 =
3 ÷ 3 =
36 ÷ 6 =
15 ÷ 5 =
70 ÷ 7 =
16 ÷ 8 =
28 ÷ 4 =
12 ÷ 3 =
56 ÷ 7 =
50 ÷ 10 =
Tick sticker for good work!
Star sticker for your reward chart!

Answers

Busy bees
3 lots of 3 = 9
4 lots of 3 = 12

Flower power
2 x 4 = 8 petals
3 x 4 =12 petals
4 x 4 =16 petals

Dinosaur threes
3 x 3 = 9
4 x 3 = 12
5 x 3 = 15

Ladder multiples
6 x 2 = 12
4 x 4 = 16
4 x 5 = 20
7 x 3 = 21

Puzzling times

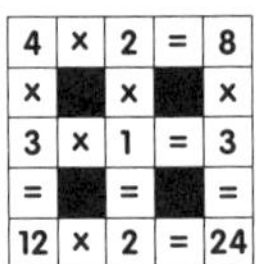

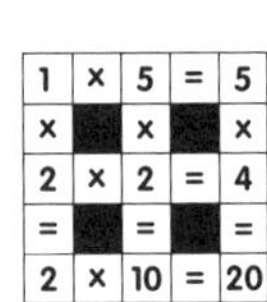

Maths is magic
3 x 3 = 9
4 x 6 = 24
10 x 4 = 40

Time for a crossword

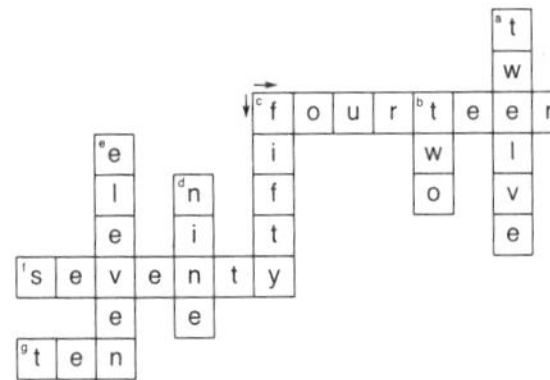

Space times
6 x 6 = 36
7 x 7 = 49
8 x 8 = 64

Jungle multiplications
2 x 2 = 4
3 x 5 = 15
7 x 2 = 14
3 x 3 = 9
6 x 5 = 30
9 x 2 = 18
4 x 5 = 20
1 x 3 = 3
4 x 4 = 16
7 x 8 = 56
2 x 4 = 8
11 x 3 = 33
9 x 5 = 45
6 x 6 = 36
8 x 3 = 24
4 x 7 = 28

Ready for Test 1
4 x 1 = 4
2 x 2 = 4
4 x 5 = 20
8 x 8 = 64
1 x 3 = 3
5 x 8 = 40
6 x 7 = 42
11 x 2 = 22
10 x 10 =100
6 x 9 = 54
3 x 12 = 36
2 x 8 = 16
7 x 6 = 42
5 x 5 = 25
3 x 6 = 18

Multiply in the sky!
4 x 10 = 40
5 x 6 = 30
6 x 7 = 42

Ready for Test 2
6 x 7 = 42
7 x 12 = 84
3 x 9 = 27
4 x 4 = 16
5 x 4 = 20
4 x 7 = 28
9 x 6 = 54
11 x 11 =121
8 x 4 = 32
12 x 6 = 72
1 x 9 = 9
3 x 3 = 9
6 x 6 = 36
8 x 3 = 24
10 x 7 = 70

Missing numbers
12 x 5 = 60
10 x 3 = 30
4 x 3 = 12
1 x 11 = 11
8 x 5 = 40
9 x 3 = 27
8 x 9 = 72
12 x 12 =144
11 x 10 =110
6 x 8 = 48
6 x 4 = 24
7 x 9 = 63
2 x 2 = 4
12 x 8 = 96
9 x 9 = 81
3 x 7 = 21

Solve the problems
4 books each
2 ice creams, 1 left over
4 carrots each

Grouping
ladybirds: 6 groups
rabbits: 3 groups
snails: 2 groups

Dividing
6 divided by 2 = 3
9 divided by 3 = 3
8 divided by 4 = 2

Number stars
81 ÷ 9 = 9
35 ÷ 5 = 7
12 ÷ 6 = 2
49 ÷ 7 = 7
3 ÷ 3 = 1
20 ÷ 5 = 4
32 ÷ 4 = 8
55 ÷ 11 = 5
55 ÷ 5 = 11
24 ÷ 8 = 3

Solve the problems
4 leaves each,1 left over
3 balloons each
2 bananas each

Juggling numbers
6 ÷ 3 = 2
16 ÷ 2 = 8
42 ÷ 7 = 6
24 ÷ 4 = 6
27 ÷ 3 = 9
30 ÷ 5 = 6
56 ÷ 8 = 7
42 ÷ 7 = 6
63 ÷ 7 = 9
60 ÷ 5 = 12

Party divisions
4 ÷ 4 = 1
8 ÷ 4 = 2
21 ÷ 7 = 3
54 ÷ 6 = 9
36 ÷ 6 = 6
63 ÷ 9 = 7
49 ÷ 7 = 7
99 ÷ 9 = 11
12 ÷ 6 = 2
36 ÷ 9 = 4
9 ÷ 9 = 1
56 ÷ 7 = 8
42 ÷ 7 = 6
18 ÷ 6 = 3
20 ÷ 4 = 5
28 ÷ 7 = 4

Is that the answer?
27 ÷ 9 = 3
60 ÷ 6 = 10
64 ÷ 8 = 8
36 ÷ 9 = 4
24 ÷ 4 = 6
28 ÷ 4 = 7

More missing numbers
24 ÷ 6 = 4
18 ÷ 9 = 2
70 ÷ 7 = 10
99 ÷ 9 = 11
48 ÷ 6 = 8
27 ÷ 9 = 3
32 ÷ 4 = 8
45 ÷ 9 = 5
30 ÷ 6 = 5
10 ÷ 5 = 2
72 ÷ 8 = 9
40 ÷ 5 = 8
90 ÷ 10 = 9
56 ÷ 8 = 7
6 ÷ 3 = 2
24 ÷ 8 = 3

Ready for Test 3
6 ÷ 3 = 2
14 ÷ 2 = 7
25 ÷ 5 = 5
27 ÷ 9 = 3
4 ÷ 2 = 2
64 ÷ 8 = 8
40 ÷ 4 = 10
5 ÷ 5 = 1
21 ÷ 7 = 3
8 ÷ 2 = 4
9 ÷ 1 = 9
44 ÷ 11 = 4
63 ÷ 7 = 9
20 ÷ 2 = 10
45 ÷ 5 = 9
24 ÷ 4 = 6
35 ÷ 7 = 5
18 ÷ 6 = 3
3 ÷ 3 = 1
36 ÷ 6 = 6
15 ÷ 5 = 3
70 ÷ 7 = 10
16 ÷ 8 = 2
28 ÷ 4 = 7
12 ÷ 3 = 4
56 ÷ 7 = 8
50 ÷ 10 = 5